諷詩調詩集 · 455

언어의 투창 · 비수 · 방아쇠로 감행한
시의 복수 · 3

박진환 제503시집

지성·감성의 메타언어
조선문학사시인선.956

諷詩調詩集 · 455

언어의 투창 · 비수 · 방아쇠로 감행한
시의 복수 · 3

조선문학사

■ 책머리에

  시집 500권 출간 후 천천히 여유를 누리면서 쓰고 싶었고 또 그렇게 다짐했는데 욕심이랄까, 내친김에랄까, 씌어진 대로 더 묶어내기로 했다.
  시집 제목을 『언어의 투창·비수·방아쇠로 감행한 시의 복수』로 정했다.
  시하면 정서적 환기와 함께 묵시적 이미지가 제시돼야 하는데 시집 제목이 환기시키는 이미지는 투창이니, 비수니, 방아쇠니, 복수니로 악마적 이미지가 제시됐다.
  이러한 악마적 이미지의 동원은 기실 개선의 의도나 악의 교정을 위해 선에 이바지하기 위해 감행한 복수이므로 시쳇말로 다다익선, 많을수록 선에 이바지하는 것이 되어 사회적으로 유용한 것이 된다고 보고 또 믿고 있기 때문이다.
  시의 복수가 악의 교정과 선에의 이바지를 배후에 지니고 있듯이 시의 복수는 외견상 악마적 이미지를 제시했지만 그 배후에는 선에의 이미지가 들어 있다.
  시는 '무엇을 쓸 것인가'에 선행, 무엇을 '어떻게 드러낼 것인가를 중시, 시법이 요구하는 여러 레토릭을 동원했다. 그중에서도 형이상시법인 컨시트·양극화·편·원인적 비유·순수한 통징 등을 주로 구사했다. 기존의 레토릭에 관심, 시에 접근해 보면 타성으로 쓴 시와는 확연히 이질성이 드러날 것으로 본다. 그래서 친숙성이 배제돼 매우 생경한 비친숙성의 것들이 전진 배치되었음을 알 수 있을 것이다.

  풍시조는 정신 본질인 컨시트와 함께 '순수한 통징'을 표현 본질로 하는 언어미학이다. 이에 충실하고자 했고, 이에서 출발시킨 시가 풍시조라는 점을 밝혀둔다.

2025년 초춘
저자 쓰다

박진환 제503시집 / 諷詩調詩集 · 455

시의 복수 · 3

차례

책머리에 / 5

2024년 10월 27일
고독할 수밖에 없다는 것을 / 13
발자국으로 찍히는 것을 / 14
회귀해볼 일이다 / 15
보상인 것을 / 16
답해줘서 / 17
오는 것 있길 바라겠는가 / 18
명언이어서 / 19
정신시대던가 / 20
이미 오랜 것을 / 21
잡아먹혀 버린 지 오래여서 / 22
그래 / 23
눈금 달리해서 / 24
눈금이 안 올라가서 / 25

2024년 10월 28일
새로 티어나길 / 26

길은 하나 특검으로 가는 길 / 27
정도행이어서 / 28
힘없으면 그래 / 29
앰뷸런스 악음 / 30
무슨 실례의 말씀 / 31
나을 듯싶어서 / 32
대통령실이어서 / 33
있을 것 같아서 / 34
법 칼은 검 칼관 달라서 / 35
어느 쪽이 국민 눈높인가? / 36
잘못 읽는 판국이니 / 37

2024년 10월 29일
정권 누수 구멍 / 38
코리아 아니지 / 39
말해야 했데 / 40
어떨지 / 41
목 안 타? / 42
세세세 누수소리 들려서 / 43
………… 찍혀서 / 44
산더미인데 / 45
흔들거리고 있는 것 같아서 / 46
자갈 된 지 오랜 걸 / 47
지평 열지? / 48

천당길이어서 / 49

2024년 10월 30일

뽑을 손이 심고 있어서 / 50

스텝 같아서 / 51

도깨비 세상이 그래서 / 52

'에또'여서 / 53

??? / 54

같아서 / 55

동행한 듯싶어서 / 56

안 봐도 보이네 / 57

못할 것도 없을 듯 / 58

묻히는 수가 / 59

무기 될 수도 / 60

소릿값이 같아서 / 61

2024년 10월 31일

깡통이어서 / 62

그러할 듯 / 63

찬성도 있던가? / 64

쓰나미 격이어서 / 65

마이웨이만 / 66

미움 같아서 / 67

안중정 됐겠는가 / 68

골드 갱도 될지도 / 69
당나귀 하품밖에 / 70
죄 없어 / 71
사업(死業) 같아서 / 72
헌데 거꾸로 주고 있거든 / 73

2024년 11월 1일
누수구멍 될 것 같아서 / 74
그러할 듯싶어서 / 75
돌아버리지나 않을지 / 76
명태균의 입 / 77
하이고 터져버렸네 / 78
초메가톤급 / 79
혀마저 넘어가 버리겠네 / 80
따라 할밖에 / 81
산으로 갈밖에 / 82
"안됐다" / 83
오래 걸리겠네 / 84
↓↓↓ 독침으로 내리꽂혀서 / 85
'각시정권'으로 운운 / 86
오래여서 / 87
피로 토해내야 할 판이어서 / 88
격전지대 못 면해서 / 89

2024년 11월 2일

↑ 기미 없어서 / 90

되풀이될 듯싶어서 / 91

G0 같아서 / 92

이치가 그래 / 93

되레 힘자랑 즐겨서 / 94

격 높여줌세 지인이여 / 95

제 명대로 못 살았어 / 96

우수수 떨어지는 소리 듣는 재미 / 97

빠져나가는 소리 / 98

나쁘지 않아서 / 99

여사(女史) / 100

여사(如斯) / 101

이러함 했데 / 102

내리막길이어서 / 103

이러하구나 / 104

2024년 11월 3일

지구촌 / 105

전쟁지역 / 106

화(火)도 돼서 / 107

메가톤급이어서 / 108

거지 될 줄을 / 109

거지 팔자 상팔자? / 110

어느 분 처지 같네 / 111
풍토=환경이거든 / 112

■ 시집 평설을 대신해서_諷詩調에 대한 사계의 견해
三行詩의 안팎_문덕수 / 113
知的調律에 의한 시 意味의 密度와 結晶度_성찬경 / 122
諷詩調의 깃발과 風向_김용직 / 128
박진환의 3행 '諷詩調'에 대하여_최원규 / 131
풍시조 읽기_문효치 / 136
諷詩調에 나타난 형이상시법의 수사법_최규철 / 140

2024년 10월 27일

고독할 수밖에 없다는 것을

길이란 게 홀로 걸어보면 안다. 동행 없는 단독자행이 얼마나 외로운 가를. 알게된 것은 그뿐만이 아니다. 인생은 나그네라는 것과 우리는 영원한 나그네이며 고독할 수밖에 없다는 것을

발자국으로 찍히는 것을

원객수회라 했던가, 멀리 떠나올수록 수심 깊고, 수심 깊을수록 외로운 것이 나그네 설움, 인생 나그네라고 다르겠는가, 먼 길 돌아보는 수심, 늙은 행보에 발자국으로 찍히는 것을

※ 원객수회(遠客愁懷) : 멀리 떠나온 나그네의 수심.

회귀해볼 일이다

종종 옛길도 걸어볼 일이다. 시불재래를 체험할 수 있다는 건
과거에 의지하지 않고는 장래를 판단하는 길을 모른다는 것
최량의 예언자는 과거라 안 했던가, 한 번쯤 과거로 회귀해볼 일이다

※ 시불재래(時不再來) : 한번 가버린 때는 다시 돌아오지 않는다는 뜻

보상인 것을

옛일을 생각하면 슬퍼지지만 옛을 회상하는 것은 기쁜일이라 했던가
과거를 통한 재회 · 재발견 · 회상 등은 모든 희락과 만족의
비결이라 안 했던가, 희락과 만족이 과거 회귀의 보상인 것을

답해줘서

'취(取)하기 위해서는 주지 않으면 안 된다'는 영국속담이다
진리보다도 평범한 상식이다, 이 평범한 상식이 정치적 진실이다
베풀지 않고 바란다? 대통령 지지율이 답해줘서

오는 것 있길 바라겠는가

선정 베풀었던들 지지율 그 모양이었겠나, 주는 것 있어야 오는 것도 목말라하는 국민들의정치갈증, 화합과협치, 도치(刀治)부치(斧治)로 자르고 찍어 토막 내 버렸으니 어찌 오는 것 있길 바라겠는가

명언이어서

우자일득이라 했던 사마천(司馬遷) 선생, 옛날엔 명언이었소만
시절 바뀐 오늘날엔 우자우언(愚者愚言)에 불가하니
어쩌겠소, 우자백실이 통치시대의 명언이어서

※ 우자일득(愚者一得) : 어리석은 자에게도 얻을 것이 있다는 사마천의 말.
※ 우자백실(愚者百失) : 우자일득에 빗대어본 어리석은 자에게서는 백
가지를 잃는다는 일종의 조어.

정신시대던가

실(實) 있었던들 실(失) 따졌겠나, 얻은 것 없으면 손해 봤다고
하는 것이 요즘 세상 득실 인식, 손해 보고는 못 사는 시대
물신시대 가치관이 안 그렇던가, 지금이 어디 정신시대던가

이미 오랜 것을

정신일도하사불성(精神一到何事不成) 했던데, 어림 반푼어치도 없는 소리, 정신 성한 놈일수록 정신병을 앓아야 하는 병든 시대 물신시대의 가치관에 의해 정신 귀양보낸 지 이미 오랜 것을

잡아먹혀 버린 지 오래여서

흔한 말로 '정신 차려', 인간의 기초는 물질이 아니고 정신이라고도
한다,. 허니 정신을 차려야 인간 구실을 할 수 있다는 뜻에서다
정신이 있어야 차리고말고도, 정신 물신에 잡아먹혀버린지 오래여서

그래

물질의 대명사는 황금, 황금의 대명사는 화폐, 해서 무게에서
수치로 대명사 이동, 물신시대의 신 황금도 무게 아닌 수치
지폐의 액면가로 척도 돼서, 물신시대의 가치척도가 그래

눈금 달리해서

척도(尺度)란 게 계량의 기준 아니던가, 헌데 척도의 잣대란 게
필요에 따라 눈금을 달리하는 요술 잣대여서, 척도 마비 정치
척도 다르고, 법의 척도, 가치관을 비롯, 온갖 잣대가 눈금 달리해서

눈금이 안 올라가서

헌데 눈금 고정도 있는데, 대통령지지율 22%, 옳게 재나 거꾸로 재나 22, 25% 였다면 거꾸로 들이대 52%로 둔갑시킬 수도, 헌데 어쩐다 모든 둔갑술 동원해도 지지율 잣대만은 눈금이 안 올라가서

2024년 10월 28일

새로 태어나길

지난대선때, 윤캠프 선거당일에도 명태균보고서로 회의했다데, 허면 명태균이 상황실장 격이었던 셈, 세월 지났다고 '보고한 적 업다면 지워질까? 진실 밝혀 속죄하고 명태 말고 도루묵으로 새로 태어나길

길은 하나 특검으로 가는 길

김건희 여사 관련 의혹만 30건이라며 국감 후 추가검증 불가피
제기한 야당, 거기다 김여사특검 여론조사결과 63%가 희망이라던데
면할 수도, 면해서도 안 돼지, 길은 하나 특검으로 가는 길

정도행이어서

길 두고 뫼로 갈 수는 없지, 길 열어줬을 때 고맙다 알고
주어진 길 가야 대도행, 숨어 피해가다 길 잘못 들어서면
혼자가기 어려우면 동행 명령 따르는 것도 정도행이어서

힘없으면 그래

북 파병, 남북 대리전 번지나 했던데, 어쩌다 대리전에 끼어들다니, 힘이 남아서라고? 아니야, 힘이 없으면 끌려가기 마련, 대리전 아닌 총받이 용병인 셈이야, 힘없으면 그래

앰블런스 악음

북 괴음 테러에 접경지 주민들 "살려달라"며 생존문제로 제기
남이 자랑하던 확성기 뺨치는 모양이던데, 서울에도 그런 거
하나 있지, 뭐냐고? 괴음에 귀음에 굉음까지, 앰블런스 악음

무슨 실례의 말씀

'국정 삼킨 용산의 숨은 실력자' 했길래 누군가 했더니 여사님
실례의 말씀도 큰 실례의 말씀, 실력자라니, 김건희공화국
부부통치란 말도 못 들어봤나, '실력자'라니 무슨 실례의 말씀

나을 듯싶어서

'청년들의 문이 닫히고 있다' 했던데, 닫고 싶은 문이 있다면
지옥문이라 했데, 여나 닫으나 헬조선의 문 달라지겠나
닫혀 갇힌 쪽이 열려 있는 지옥문보다 나을 듯싶어서

대통령실이어서

명태균 여론조사 대선 활용 증언, 대통령실 거짓 해명 했나
물었던데, 물음에 그렇다고 답한 적 없는 대통령실
물으나 마나, 답 하나 마나가 대통령실이어서

있을 것 같아서

일본 국민들 현명하데, 비자금 스캔들 일 자민당 냉혹히
표로 심판, 다른 건 다 관두고 정치 비판 냉혹성은 배웠으면
배워두면 써먹을 날 있을 것 같아서

법 칼은 검 칼관 달라서

관련의혹만 30건 했던데, 그리얽히고 저리얽혀 의혹덩어리되면 수술
불가능, 수술로 불가하니 꺼내드느니 칼아닌 특검, 특검도 칼이라고?
칼이면 다 칼인가, 명검에 피 묻힐 수야, 법 칼은 검 칼관 달라서

어느 쪽이 국민 눈높인가?

한동훈 여당대표, 말끝마다 '국민의 눈높이' 해쌓더니 허시였던가 봐
국민들은 '특검' 원하는데 '특감' 내놔서, 특자 항렬이면 단가?
국민들 특검요구 63%에 필요없다 26%면 어느 쪽이 국민 눈높인가?

잘못 읽는 판국이니

정치 시력 그래 가지곤 눈높이는커녕 눈 아래도 못 미쳐, 눈높이란게 뼘으로 잴 수 있는 것이 아닌, 한 치의 거짓도 없는 참으로만 잴 수 있는 눈금이어서, 허긴 있는 눈금도 잘못 읽는 판국이니

2024년 10월 29일

정권 누수 구멍

세수펑크 메우기위해 주택자금 끌어쓰고 그래도 메워지지 않은 펑크
지방교부세·교부금 6.5조 감액, 세수가 펑크 났으니 어찌 국정인들
제대로겠으며, 철옹성인들 구멍 안 뚫리겠나, 정권 누수 구멍

코리아 아니지

윤대통령, 한국대표단 우크라 방문 나토 사무총장에 협력 논의할 것
했던데, 무슨 사명 띠고 우크라 방문할까? 파병? 살상무기?
둘 다? 그래 남북 둘 다 같이해야지, 한쪽만 하면 코리아 아니지

말해야 했데

정치브로커 명태균 의혹, 혹 떼려다 되레 혹 붙인 격
해명마다 거짓, 역풍 불러 참말 토해내야 할 판
이를 두고 대통령실 실자 빼고 대통령이 말해야 했데

어떨지

무죄·무죄·무죄, 반복되는 재난에도 결과는 무죄, 매사 무죄면 죄는 저질러졌는데 죄진 사람은 없다, 귀신이 곡할 노릇, 유죄란 게 하늘에 별따기, 아예 재판에 유죄란 항목 삭제함이 어떨지

목 안 타?

서민주택사업 짠물, 지자체 돈 가뭄, 민생은 타는 목마름 짠물에 가뭄이면 목타기 마련, 곽곽한 사막지대 떠올리게 해서 떠올리긴, 저리무뎌서야, 지금살고있는곳이 막막한사막 허니 목안타?

세세세 누수소리 들려서

'구멍 뚫린' 오물풍선 대책 했던데, 오물풍선 대책만 구멍 뚫렸나
세수펑크도 구멍, 명태균 거짓에도 구멍, 반복되는 재난에도 구멍
어찌 정권누수 구멍인들 온전하겠나, 세세세 누수소리 들려서

·········· 찍혀서

'민심과 싸우려는 김건희 남편 대통령' 했데, 좀 험한 말 같지만
새겨보면 아내를 위해 남편인 '대통령이 국민과 싸우려 한다'에
말보다 더 설득력 있는 방점 ············· 찍혀서

산더미인데

윤대통령이 이태원 참사 2주기에 성찰해야 할 것, 했던데
성찰하고 말고가 어디 있어, 무죄로 끝나 지나가버린 걸 뭘 성찰해
지나가버린 것 말고 눈앞에 처리 못한 것이 산더미인데

흔들거리고 있는 것 같아서

'돌 맞는다' 한 말 산더미 앞에 했으니 산돌 아닌 산째 바위되어
구르면 어쩐다? 물었는가? 걱정인가? 둘 다인가?
?????? 의문부인 건 바윗돌로 흔들거리고 있는 것 같아서

자갈 된 지 오랜 걸

'30조 세수결손, 지방·서민예산 줄여 변통해보겠다니'라며 개탄했데 지방·서민 염두에 뒀던들 그렇겠나, 지방이란 게 중앙정부 펑크 막는 바위 되고 서민이란 게 시멘트에 비벼진 자갈 된 지 오랜 걸

지평 열지?

'청년세대와 연금개혁'이라니 다행한 발상이데만
어린이·청년·노인, 전체 국민을 위한 개혁해야 할 것들
산더미, 산더미에 걸린 고재(高哉) 언제 넘어 지평 열지?

천당길이어서

'지평이라 했는가? 앞에한 산을 넘어야 지평도, 오르고 또 올라도 낮아지긴커녕 높아지기만 하는 키가 웃자라는 산이 코리아가 앞에한 산이어서, 넘을 수나 있을는지? 아리랑 고갯길은 천당길이어서

2024년 10월 30일

뽑을 손이 심고 있어서

친일 논란 고교 한국사 교과서 전국서 1곳만 선택으로 사실상 퇴출됐다데, 이보다 더 멋진 쾌거도 있던가, 뉴라이트들의 뉴라이트의 역사왜곡도 이참에 뿌리 뽑아야 하는데 뽑을 손이 심고 있어서

스텝 같아서

의대생 '조건 없는 휴학' 승인으로 교육부 한발 물러서
물러섬이 퇴행이 아닌 두발 나아가기 위한 에너지 충전을 위한
잠정적 휴식, 헌데 교육부 한발은 다시 내디딜 수 없는 스텝 같아서

도깨비 세상이 그래

정치브로커 명태균, 윤석열 승부처마다 '여론조작' 의혹 했던데
파면 팔수록 들여다 보면볼수록 만져보면 볼수록 의혹투성이 도깨비
장단이란 게 혹 떼려다 혹 붙이는 것이어서, 도깨비 세상이 그래

'에또'여서

윤대통령, 이태원 참사 2주기 맞아 정부 책임은 쏙 빼고 '안전한 사회 만드는데 애도 피력', 이태원 참사 언급은 단 39초뿐, 39초면 어디야, 그 속엔 1초도 1초도 아까운 애도 아닌 '에또'여서

???

어젠 지방예산, 오늘은지방시대선언, 국정이장난인가했던데, 30조원 세수결손 막기 위해선 지방교부세 삭감이 어제 일인데 오늘은 지방균형발전 앞세워 지방시대 열자고, 내일은 또 뭐가 나올까???

같아서

???가 윤정부가 내딛는 행보의 발자국 같아서
어디로, 무엇을 찾아, 뭐하러 가는지, 알 수 없는 행보
행보가 행보(行步) 아닌 작문정치 행보(行譜) 같아서

동행한 듯싶어서

한국갤럽의 여론조사 결과 국민 82%가 우크라에 살상무기 지원
부정인데 정부는 속전속결 참관단, 무기지원단 미명 앞세워
파견, 파견의 발걸음에 살상무기 발걸음도 동행한 듯싶어서

안 봐도 보이네

'대통령의 허수아비 춤 했던데, 무슨 춤을 추었길래 허수아비 춤 했을까? 꼬인 정치 스텝이 그랬을까, 왈츠나 탱고, 지르박이나 차차차는 아니었을 거고, 허면 허자 놀이춤, 안 봐도 보이네

못할 것도 없을 듯

미 대선 이후 외교·로비 과제 했던데, 정공법으론 글렀고
하던 대로 편법, 편법이란 게 iPien tao 아니던가, 그쪽엔 한국도
달인급, 달인 실력 발휘하면 못할 것도 없을 듯

묻히는 수가

명태균이란 위인 여론조작엔 달인급인 모양이던데, 법망 피하기에도 달인급 아닐지, 저리 혹이 많으면 떼었다 붙였다에도 달인급일 듯, 어쩐다 혹이 흙 되면 묻히는 수가

무기 될 수도

윤대통령 우크라 젤렌스키와 통화했다던데, 무슨 말이 오고 갔을까
말만이 아닌 살상무기도 동행했을 듯, 나라 곳간 비고, 재정적자
눈덩이로 빚은 태산, 살상무기가 재정적자 메우는 무기 될 수도

소릿값이 같아서

친윤계, 친한계로는 부족했나, 비한동훈계까지
계만 있고 국은 없으니 계판만, 거기다 서로 으르렁대니
으르렁 판도, '계'와 '개'가 소릿값이 같아서

2024년 10월 31일

깡통이어서

북, ICBM발사 성공두고 해석분분, 미사일이야 과학적분석으로 해석가능, 다만 북의 미사일・핵이 북의 언어라는 사실, 언어도 영어보다 더성능이우수한언어, 미사일・핵으로 뭘말하는지 해석엔깡통이어서

그러할 듯

체코, '한국원전계약 일시 보류조처 했다데, 옛분들
방귀가 잦으면 똥 싼다 한 말, 왜 구린 말이 떠오를까?
잦은 제동 되풀이가 잦은 방귀 같아서 그러할 듯

찬성도 있던가?

용산, 우크라에 북 분석팀 파견 했다데, 아에선 한 명이라도
보내면 파병이라며 '국회 동의 피하려는 꼼수'나 '국방장관 탄핵'
등 법적조치 내세워 반대 의사 반영, 허긴 찬성도 있던가?

쓰나미 격이어서

한동훈 국민의힘 대표 취임 100일 맞아 '김건희 여사 특감' 등 압박 앞세우며 '11월에 매듭지어야 강변, 출범 100일이면 앞대일 강변(江邊)쯤 대안에 가 닿을 법도, 헌데 파고가 쓰나미 격이어서

마이웨이만

채상병·김여사 못 풀고 갈등만 양산한 한동훈 100일 했던데
국민의 눈높이 바라보고, 쳐다보고, 째려봐도, 용산은
눈높이 같은 것 관심 없고, 국민 따라오건 말건 마이웨이만

미움 같아서

KBS 기자들 495명 한목소리로 파우치 박장범에
"염치 알면 멈춰라" 규탄 성명, 이중 재미있는 것 있데
박장범의 ㅁ, 염치의 ㅁ, 멈춰라의 ㅁ이 자음 미음 아닌 미움 같아서

안중정 됐겠는가

사랑이 많으면 미움에 이른다 했던데, 왕구식일 듯
얼마나 눈총을 많이 맞았으면 눈에 가시 박혀 미움미움
했겠는가, 아니지, 어찌하여 미음이 안중정 됐겠는가

※ 안중정(眼中釘) : 몹시 미워하고 보기 싫은 사람이란 뜻

골드 갱도 될지도

끝 모를 '김건희 선거·국정 개입 단서들' 했던들 캐면 캘수록 끝이 보이지 않는 탄광촌 석탄 갱도 같아서, 파고 파면 금맥이라도 나타날까? 특검으로 파면 민주주의 부활, 골드 갱도 될지도

당나귀 하품밖에

한동훈 여당 대표 취임 100일 두고 '변화·쇄신하겠다더니'
변죽만 울린 한동훈 했데, 변죽도 잘만 치면 통할 수도, 헌데
용산은 변죽으론 어림없어, 귀 열 개 달아줘도 당나귀 하품※ 밖에

※ 귀머거리를 조롱해서 하는 말의 우리 속담.

죄 없어

7500 의대생 교육 '대학 자율'로 넘긴 교육부 두고 '참 무책임하다'
했던데 남의 탓으로 돌려 책임 전가 이 정부 전매특허품
교육부답게 배운 대로 했는데 수제자지, 죄 없어

사업(死業) 같아서

트럼프 말 중 새겨볼 만한 "동맹방위도 사업하는 것처럼 해야한다"
실로 명언 아니던가, 사업이란 게 삶을 성공으로 이끌기 위한 행위
아니던가, iPien tao 못 면한 한국의 동맹사업은 사업(死業) 같아서

헌데 거꾸로 주고 있거든

따지고보면 한국의 '동맹방위'는 거꾸로 잘운영되고있는 사업같아서 예를 들면 평택 사드기지는 우리를 위한 대북기지가 아닌 대중 감시 견제 기지 아닌가, 우리가 사용료를 받아야, 헌데 거꾸로 주고있거든

2024년 11월 1일

누수구멍 될 것 같아서

세수펑크에 펑펑 구멍 뚫리고, 질세라 명태균
큰소리도 뺑뺑 펑크 저리가라, 어쩐다 이러다
정권에도 펑펑·뺑뺑 구멍 뚫리면 누수구멍 될 것 같아서

그러할 듯싶어서

침묵도 있데, 명태균 큰소리에 대통령실·검찰 침묵
북 러 파병 성토에 러 입 다물어 침묵, 침묵은 무언의
긍정이라 했던가, 대통령실·검찰, 러 침묵이 그러할 듯싶어서

돌아버리지나 않을지

태풍이다, 홍수다, 토네이도다, 지구촌이 흔들흔들
이스라엘·하마스 전쟁에 러·우크라 전쟁 포성으로
세계가 흔들흔들, 이리 흔들리다 돌아버리지나 않을지

명태균의 입

북 화성혼가 뭔가 미사일 발사 성공 두고 큰소리 뻥뻥
기고만장이던데, 우리도 그깐 거 있어 입만 제대로 열었다 하면
뻥뻥 정치 지각변동 일으킬 초메가톤급 미사일 명태균의 입

하이고 터져버렸네

북, 북의 언어인 미사일로 말하데마는 남녘에선
육성으로 터뜨린 핵도 있어, "공천위에서 나한테 들고 왔길래
김영선이를 좀 해줘라" 윤 대통령의 육성, 하이고 터져버렸네

초메가톤급

명태균, "진짜 평생 은혜 잊지 않겠습니다" 무슨 고마움인데?
김영선 "공천 해줘라" 한 윤대통령의 전화 받고 한 말
뿐인가, "오빠, 명선생 그거 처리 안 했어"도 초메가톤급

혀마저 넘어가 버리겠네

북, 한·미 보란 듯 ICBM 공중에 날려놓고 하는 말
"맛이 어떠셔, 쓰다고? 다음엔 다디단 걸로 맛보여 줄게"
다음 것이면 핵실험? 하도 닳아 혀마저 넘어가 버리겠네

따라 할밖에

앞에선 '공장' 외치더니 뒤에선 '공천 입감' 했데, 누구냐고?
제일 높으신 어르신네, 윗물이 맑아야 아랫물도, 물뿐인가
'공장'과 '공천'도 구별할 줄 모르니, 아랫것들 따라 할밖에

산으로 갈밖에

공천개입 근거 육성으로 확인됐는 데도 친윤계는 '문제없다
있으면 어쩔 건데' 식, 배운 게 배 내미는 것만 배워서
허니 배가 산으로 갈밖에

"안됐다"

특별감찰관 내밀고 안간힘 한 한동훈 육성 한마디로 '동력상실'
안 그래도 역부족인 열세 못 면하는데 동력까지 상실이면
주저앉을밖에, 눈높이 두었던 국민, 지켜보며 하는 말 "안됐다"

오래 걸리겠네

한국, '북·러 불법적 협력'에 북한 '서방도 우크라 돕지 않나'
어느 것이 정답, 정답 있으면 싸우겠나 없으니까 정답 찾으려고
싸우지, 허면 승리한 쪽이 정답? 문제 풀기 오래 걸리겠네

↓↓↓ 독침으로 내리꽂혀서

'윤석열 정권은 사실상 정치적 사망선고를 받았다' 명 진단 같기도 명태균의 입으로 쏜 독침 한방에 대통령 부부 실신 직전이 아닌 정치생명 위기, 거기다 지지율도 ↓↓↓ 독침으로 내리꽂혀서

'각시정권'으로 운운

문제는 독침이건 화살이건 맞고도 계속되는 마이웨이
또 문제는 마이웨이 끝이 안 보이더니 이제 보이기 시작
더 큰 문제는 윤석열 정권을 '강시정권'이라며 '각시정권'으로 운운

오래여서

운운 뒤에 단 토가 일품 '각시정권'으로 잘못 읽은 독자가
없기를 바란다, 잘난척하시지 마셔, 이미 독자들은
'각시정권'으로 읽은지 오래여, '부부정권' 운운한지 오래여서

피로 토해내야 할 판이어서

'김칫국부터 마신 체코 원전 수주 했데, 우리 옛말에 '떡 줄 사람은 아무 말도 없는데 김칫국부터 마신다' 했던가, 이번엔 달라 일시 계약보류로 마신 김칫국 피로 토해내야 할 판이어서

격전지대 못 면해서

'무기여 농촌으로 오라'고 한 평화주의자 외치셨던데
옳소, 옳소, 옳소만 매검매우니, 귀마방우 방언 된 지 오래여서
이·하마스, 러·우크라 등 세계가 격전지대 못 면해서

※ 매검매우(賣劍買牛) : 칼을 팔아 소를 산다 함이니 전쟁 없이 평화롭게 농사를 짓게 되었다는 뜻
※ 귀마방우(歸馬放牛) : 전쟁에 동원됐던 말과 소를 놓아준다 함이니 전쟁이 끝나고 평화로운 시절이 됐다는 말.

2024년 11월 2일

↑기미 없어서

아이고 아이고 어쩐다냐, 지지율 19%면 아이고가
우리 식으론 곡소리 같기도 하고, 영어 식으론 나는 간다도 돼
끝판 같아서, 이리 보고 저리 봐도 ↑ 기미 없어서

되풀이될 듯싶어서

북은 ICBM↑로 희희낙락 목에 힘까지 주는데
반대로 ↓쪽에선 자라목 되어 오그라들어서
↑↓가 희비 쌍곡선, 앞으로도 쭉 ↑↓ 되풀이될 듯싶어서

G0 같아서

국회에선 '하야까지 터져 나왔다니 절대 해프닝 아닐 듯
지지율 10%대면 학점으로 치면 F도 못된 G학점
G가 G1, G2가 아닌 G0 같아서

이치가 그래

북, 러 업고 기고만장, 탓할 것 없어, 힘없는 나라들
대국 등에 업고 마치 제힘으로 착각하는 것과 다르지 않아서
대등한 힘 지니지 못하는 한 힘 업기 마련, 세상 사는 이치가 그래

되레 힘자랑 즐겨서

업기만 하나, 업히기도, 앞서기도, 앞세우기도, 일테면
앞잡이 아니면 허수아비 되기 마련, 힘없으면
그리되는 걸, 문제는 힘도 없는 주제에 되레 힘자랑 즐겨서

격 높여줌세 지인이여

통징의 격 좀 높이라고? 모르시는 말씀, 이 정도 점잔도
최고 양반, 마음속엔 상것들 우글우글, 따라 놀면 욕설
고함·막말이 제격, 시절 좋아지면 격 높여줌세 지인이여

제 명대로 못 살았어

양반행세 하느라 딴엔 조심 아닌 조신 기둥 삼는데
돌아가는 판들이 하도 이전투구 개판이어서 양반 노릇 포기
상것으로 살았기에 목숨 유지, 양반행세 했던들 제 명대로 못 살았어

우수수 떨어지는 소리 듣는 재미

요즘 무슨 재미로 사느냐고? 재미로 사나, 죽지 못해 살지. 그중에 한 가지는 씹는 재미였는데 요즘은 듣는 재미로 바꿨어, 단풍도 들기 전에 우수수 떨어지는 소리 듣는 재미

빠져나가는 소리

무슨 소리냐고? 자네 같은 멍청한 귀엔 안 들리는 소리 하나는 뚝뚝 ↓↓ 떨어지는 소리, 다른 하나는 펑크로 뚫린 구멍으로 세세세 정권누수 빠져나가는 소리

나쁘지 않아서

귀 밝아서 좋겠다고? 나쁠 것도 없네마는 소리들이 둘 다 게으른 소리여서, 어서어서 → 빨리빨리 → 싸게싸게 → 핑 지금 가속도 붙는 중, 기다림도 나쁘지 않아서

여사(女史)

뚝뚝 재촉하며 떨어지는 낙엽, 그래도 황국 낙엽이라고 새겨져 있는 황금 언어, 무어라 씌어 있길래? 자네 눈엔 안 보여, 견자만이 보고 읽을 수 있어, 여사(如斯)·여사(磬斯)·여사(女史)

여사(如斯)

논문은 비록 표절로 짜깁기였지만 학위 받았으니 여사(女士)
해서는 안 될 일만 골라서 즐기며 저질렀으니 여사(餘事)
검은 베일 뒤집어썼으니 여사(鷽斯), 이·위와 같았으니 여사(如斯)

※ 여사(鷽斯) : 갈가마귀.
※ 여사(如斯) : 이러함, 이와 같음, 여차(如此).

이러함 했데

갈가마귀 날고, 날아 가을 재촉하니 날 저문 산마다 단풍 들고, 들어 떨어지느니 낙엽 지는 소리 우수수, 여사(女史)와 여사(磬斯) 소릿값 같기에 찾아봤더니 여사(如斯)가 이러함 했데

내리막길이어서

지지율 19%면 집권 이래 최저치, 최고치도 있었던가 있었지만 덕치자 최하위만도 못한 최고치여서, 내리막길에도 가 닿을만한 곳 있던가? 마이웨이가 내리막길이어서

그러하구나

오르막길의 그중 가 닿을 수 있는 곳은 천상(天上), 헌데 덕치자만 가닿을 수 있는 곳, 내리막길로 가닿을 수 있는 곳은 하치(下治)자만 가 닿을 수 있는, 덕치 외면한 어느 분의 마이웨이가 그러하구나

2024년 11월 3일

지구촌

미국은 대선 앞두고 해리스, 트럼프 호척용나, 러·우크라의
푸틴, 젤렌스키는 용양호박, 코리아는 북은 미사일, 남은 G1 등에한
호부우, 남녘의 여야는 형제혁장 안전지대 전무인 지구촌

※ 호척용나(虎擲龍拏) : 범과 용이 싸운다는 뜻으로 영웅끼리 서로 싸우는
것을 비유한 말

※ 용양호박(龍攘虎搏) : 용처럼 세차게 뿌리치고 범처럼 세차게 뛴다 함이니
맹렬히 싸운다는 뜻

※ 호부우(虎負嵎) : 범이 산모퉁이에 의지하고 있으면 그 용맹을 당할 수
없다 함이니 영웅이 한 지방에 할거함을 이르는 말

※ 형제혁장(兄弟鬩墻) : 형제가 담 안에서 싸운다는 뜻으로 동족상쟁을
이르는 말

전쟁지역

두 호랑이가 다투어 싸우면 작은 것은 반드시 죽고 큰 것은 반드시 다친다 했던데, 호랑이뿐이겠나, 호랑이와 용도 그러하고 인간도 국가도 매한가지, 목하 지구촌은 짐승스런 전쟁지역

화(火)도 돼서

사나운 개 입 성한 날 없다 했던가, 개뿐이겠나, 인간도 매한가지
입이란 게 탱크도 되고, 미사일도 되고, 핵도 돼서, 화(禍)의
출입구거든, 헌데 화(禍)가 화(火)도 돼서

메가톤급이어서

구시상인부라 했던가, 틀린 말 아닌 것이 전화란 것도 그래
잘못 나눈 말이 도끼가 되듯이 전화통이란 게 미사일도 되고
핵 될 수도, 터졌다 하면 폭발력이 메가톤급이어서

※ 구시상인부(口是傷人斧) : 입 잘못 놀렸다간 말이 사람을 망치는 도끼와
   같다 함이니 말조심하라는 경계의 말.

거지 될 줄을

너무 과장이 심하다고? 그러게 누가 전화통에 대고 비밀리에 나눈
말을 녹음할 줄 알았나, 윤석열·명태균이 재수 없어 옴 오른 거지
그래 거지, 누가 알았겠나, 거지(拒止) 될 줄을 외외탕탕 막아설

※ 거지(拒止) : 항거하여 막음.
※ 외외탕탕(巍巍蕩蕩) : 왕도의 지엄함.

거지 팔자 상팔자?

생매장된 황제보다는 거지로 지내는 편이 낫다 했던가. 한길 옆에 햇빛을 쬐고 있는 거지, 그가 지니고 있는 평화감은 어떤 왕이라도 쉽게 얻을 수 있는 게 아니다 했던가. 거지 팔자 상팔자?

어느 분 처지 같네

운수가 사나우면 접시물에도 빠져 죽는다 했던가, 팔자는 독에 들어가서도 못 피한다 했던가, 운이 나쁜 사람은 안심해도 좋다 왜냐면 더욱 나쁜 악운에 빠질 염려가 없으니까, 어느 분 처지 같네

풍토=환경이거든

처지란 게 처해 있는 경우나 환경 아니던가, 마소의 발굽 자국에 고인물에서는 용이 나지 않는다 했던가, 틀린 말 아닐 듯, 이 땅의 풍토가 용보다는 이무기가 더 판치는 풍토여서, 풍토=환경이거든

■ 시집 평설을 대신해서_諷詩調에 대한 사계의 견해

三行詩의 안팎

문덕수(전 예술원 회원)

1.

박진환의 三行詩Ⅷ『諷詩調』를 읽고 느낀 바가 많지만 다 말할 수는 없을 것 같다. '諷時調'라고 하지 않고 '諷詩調'라고 한 것은 '시조(時調)'와는 다른 장르임을 말하는 것이 분명하고, '풍조시(諷調詩)'가 아니라 '풍시조(諷詩調)'라고 한 것은 이와 유사한 다른 장르명의 어순을 따를 필요가 없음을 암시한 것 같다. 어쨌든 '풍시조(諷詩調)'는 다른 누구의 것도 아닌, 바로 박진환의 장르다. 그가 풍시조의 시조요, 창업자다.

'풍시조(諷詩調)'의 '풍(諷)'은 '풍자(諷刺, satire)'일까. '풍유(諷喩, allegory)'일까(諷諫, 기자(譏刺)라는 말도 있다). 풍(諷)은 '言十風(음)'으로 된 글자인데, 떨리는 소리로 낭독하는 것을 풍송(諷誦)이라고 하고, 바람이 나뭇가지나 이파리를 흔들듯이 사람의 마음을 움직이는 것을 '풍(諷)'이라고 한다. '풍자'는 후자에 해당한다. 그러나 이러니저러니 따질 필요는 없다. '시작품' 자체가 시론이기 때문이다. '풍시조'의 정체는 박진환의 작품에 있다고 하겠다.

> 달콤한 오수 깨며 띠리링 울리는 벨소리 속 목소리
> 기막힌 부동산 정보 전해 드리려고요
> 너나 기막히세요, 난 귀 열고 매미소리나 벗하리니
> ―「귀 열고」

　IT매체들(휴대전화 등)을 통해 부동산 중개업자(복덕방)의 이러한 극성스러운 메시지는 시민들이 역겹도록 경험하고 있는 현실이다. 시도 때도 없는 각종 정보 발신에 시민들이 무방비 속에 시달리는 것은 정보공해라고 할 수 있다. 이 시는 요즘의 이러한 부동산 시장의 상황과 정보공해가 전제되어 있고, 이러한 상황을 어느 정도 공유하고 있는 독자에게만 공감이 절실할 것이다. 풍자건 유머건 간에, 독자의 다양한 지적 교양이 전제된다는 점에서 지성적 활동이라고 할 수 있다(박진환을 '주지시'의 계열의 중요시인으로 보는 것도 이 때문이다).

　2.
　왜 3행시일까. 20행, 30행의 장시나 산문시면 안 되는가. 초·중·종장과 같은 3행이지만, 시조의 율조와는 관계가 없다. 종장 '3·5·4·4'와 같은 율조도 지킬 필요가 없다. 음보와도 관계없다. 시조의 3행과 같다는 말도 사실상 넌센스다. 그럼에도 3행시로 한 뭔가의 이유가 있지 않을까. 앞에 든 「귀열고」에서 여러 가지 장치를 전지(剪枝)하고 3단논법의 뼈대만 추려 본다.

> 남을 괴롭히는 전화는 받기 싫다(대전제)
> 요즘의 부동산 정보전화도 사람만 괴롭힌다(소전제)
> 그러므로 내게 그런 전화하지 말라(결론)

이와 같은 논리소('화소'라는 말이 있지만 '논리소'라고 해둔다)로 환원시켜 놓고 보면, 「귀열고」는 3단논법의 시상 전개임을 어느 정도는 이해할 수 있다. 상황 제시(대전제, 제1행), 권유나 권고(소전제, 제2행), 거절(결론, 제3행)로 된 3단형이나 구문면에서는 문답형이다. 3단 논법이란 2개 이상의 전제를 제시하고, 거기서 결론을 도출하는 추론형식이다. 2개든 3개든 2행으로 전제를 제시하거나 열거하고, 논리 진행의 반전, 좌절, 총합 등으로 결론을 도출하게 되면 '3단형'이 되지 않을 수 없다. 또 구문상의 '문답형'으로 본다고 하더라도 물음과 답이 각각 1행씩 합해서 2행이 되고, 물음과 대답을 성립하기 위한 전제적 상황 제시가 1행을 차지하면, 이 또한 3행 형식을 취하게 된다.

> 돈 많은 세상에 돈 없이 배고파하는 꼴이나
> 물난리에 물이 없어 목말라 하는 꼴이나
> 사람 중에 사람 없어 정치공황 부황든 꼴이나
> ―「꼴이나 꼴이나」

「꼴이나 꼴이나」도 3단형이긴 하나 논리의 극적 국면(반전, 좌절 등)이 약한, 즉 편평(扁平)한 3단형이다. 더 정확하게 말하면 전제만 3행으로 열거되고 결론이 없는(결론은 독자의 몫으로 남겼다.) 일종의 '나열형'이다. 틀(뼈대)을 추려보면 "풍족 속의 굶주림은 꼴불견이다(제1행), 홍수 속의 갈증은 꼴불견이다(제2행), 인재 귀한 정치 공황은 꼴불견이다(제3행)"의 3단형인데, 대전제·소전제·결론 형이 아니라 단지 전제의 3행 나열에 지나지 않고, 이러한 나열을 총합한 결론은 독자에게 맡겨져 있다. 구문상으로는 '꼴이냐'가 각행의 끝말로 반복(세 번 반복)되는데 귀납형의 방식이라고 할 수 있다. 대전제를 먼저 제시하는 3단 논법형과는 다르다고 하겠다. 3단형이라고 하더라도 여러 가지 성질의 형식이 있으므로, 여기서는 변죽만 건드려본 정도로 그치겠다.

3.

다음엔 실제 작품을 조금 음미해 본다. 「귀열고」는 「夏夜」와 더불어 박진환의 풍시조 중에서 가장 재미있는 작품인 것 같다. 전형적인 작품이라고 해도 괜찮다.

'기막히다'의 활용형(기막힌, 기막히세요)은 문답의 '고리' 역할을 한다. 부동산중개업자와 시적 주체도 연결시켜준다. 그런데, 대답 부분(제3행)의 '기막히세요'라는 '고리'에는 '기막히다(어떤 일이 하도 어이없거나 엄청나서 질릴 정도이다와 같은 부정적 성질의 의미와, 어떻다고 말할 수 없을 만큼 좋거나 정도가 높다와 같은 긍정적 성질의 의미가 공존한다)와 '귀(耳) 막히다' 등의 의미가 공재해 있고, '귀 막히다'는 뜻의 말은 짐짓 잘못 알아들은 것으로 되어 있다. 이 풍시조의 재미는 '기막히세요'라는 고리에 내재된 다채로운 뉘앙스의 삼중 겹침에 있는 것 같다. 여기에 "너나 기막히세요"라는 독백 형식의 대답에는 "너나 잘하세요"(영화 「친절한 금자씨」의 주인공이 한 말)도 연상되고, 더 지적으로 민감한 독자라면 "사또님 말씀이야 다 우습지"나 "사돈네 남의 말 한다"와 같은 속담도 연상하게 될 것이다. 또 2인칭 대명사 '너'와 높임말인 '기막히세요'는 존대법상 일치하지 않는다. 이러한 문법적 불일치도 미적·풍자적 효과에 한몫 더한다. 말하자면 독자의 지적 수준에 따라 그 웃음과 재미가 증감된다. 아마 이러한 시적 장치의 전부를 담아 뭉뚱그리기에 적합한 가장 간결한 형태가 3행시가 아닐까도 생각된다.

> F킬라를 뿌리듯 이발사가 내 머리에 스프레이를 분무한다
> 내 머리를 모기나 파리 대가리쯤으로 아는 모양이다
> 하긴 싹싹 손 비비고 남의 피나 핥았으니 그럴 법도 하지
> ―「이발소」에서

전제가 되는 부분의 열거를 1행, 2행에 배당하고, 그 전제를 근거로 제3행에서 결론을 도출한 3단형이다. "이발사가 내 머리에 스프레이를 뿌린다(제1행), 나를 모기나 파리로 간주하는 것 같다(제2행), 아첨하고 착취했으니 이발사의 행위는 당연하다(제3행)"는 것이 이 풍조시의 뼈대다. 추린 논리소다. 그러나 이 논리 속에는 의도적 곡해(曲解)와 사회를 향한 우회적 공격이 숨어 있다. 논리 속에 숨은 이 장치의 이해가,

이 풍시조 수용의 전제가 된다.

특히, "싹싹 손 비비고 남의 피나 핥았으니"에서, 1인칭(모기나 파리의 1인칭)인 '나'의 비하(卑下)를 통해서 파리나 모기와 다를 바 없는 자신이 바로 사회의 무고한 사람들에 대한 침입자나 가해자였음을 폭로한다. 자기가 바로 풍자의 칼날에 희생되어야 할 대상이며, 자신의 비하가 공격과 비판을 위한 칼날 갈기의 전제라는 아이러니를 본다. 일종의 도회(韜晦)의 비늘이라고 할까. 새디즘과 매저키즘은 동전의 양면이라는 심리분석도 이 경우에 해당될지?.

夏! 정말 덥다, 夜! 시원하다
夏夜보다 더 신나고 시원한 것 없을까
없긴 왜 없어, 下野란 말 있잖아
―「夏夜」전문

「夏夜」는 문답형 중의 자문자답형이다. 독백형 자문자답이다. 두 개의 전제에서 의외의 결론을 끌어낸 3단 형태라고도 할 수 있다. 제1행의 대전제가 그 다음의 소전제와 결론인 대답을 가능하게 해준다. 어쨌든 '夏夜'라는 편(pun)과 더불어 박진환식 풍자와 해학의 가장 돋보이는 전형적인 시다. '夏夜'에 내포된 골계미와 풍자성을 분석해 보자.

'하야'라는 시니피앙에는 1)계절로서의 夏夜, 2)'하! 야'라는 반응의 감탄사, 3)하야(下野)라는 시니피에가 겹쳐 있다. 반복하면 시니피앙의 한 덩어리 속의 세 시니피에가 꼬리를 물고

꼬여 메비우스의 띠처럼 회오리친다. 특히 '하야(夏夜:下野)'라는 말이 지닌 풍자성이 시 전체(1행, 2행, 3행)에 삼투되어 방사(放射)한다. 웃음 속에 감추어진 칼날을 보는 것 같아 섬찍하다.

4.
끝으로 풍시조 1편과 외국의 우화 1편을 비교해 볼까 한다. 대상은 둘 다 '중동(中東)'이다.

　　　　열사의 불 먹고 사는 탓에 제 버릇 못 버려 즐기는 불장난
　　　　　　석유까지 불을 뿜어대니 연일 불바다지
　　　　　　얼음을 먹어야 식히는데 中束엔 仲冬이 없으니
　　　　　　　　　　　　　　　　―「仲冬이 없으니·1」

이것은 일종의 '편'이다. 「夏夜」에 비하면 편의 구조도 퍽 단순한 편이다. 페르시아만(아라비아만)의 해변에 '개구리' 한 마리가 햇볕을 쬐고 있는데, '전갈(scorpion)'이 와서 바다 건너 저쪽 언덕까지 등에 태워 건너달라고 부탁한다('전갈은 몸속 독낭에 못 모양의 독침이 들어 있는 동물이다).

"싫어. 넌 전갈 아냐. 날 찔러 죽이려고"
"바보 같은 소리" 내가 찌르면 너도 죽지만 나도 익사하지 않는가. 잠시 생각한 끝에 개구리가 말한다.
"그렇군. 그럼 내 등에 올라타"

전갈을 등에 태운 개구리가 아라비아 바다를 건너기 시작한다. 바다 복판쯤에 왔을 때, 전갈은 갑자기 독침을 꺼내어 개구리를 찔러 버렸다.

"왜 이래?"

전갈이 대답했다. "여긴 중동(中東)이야."

유머지만, 이것은 '우화'의 형식을 취하고 있다(박진환도 '우화' 쪽으로 발전할지도 모른다). '개구리'는 아라비아만으로 관광온 유럽인인지도 모른다. 그러나 이 조크에 등장하는 '전갈'과 '개구리'의 본의(本義)가 각각 유럽과 중동 중에서 어느 쪽인가에 따라 작품 전체의 이야기가 달라지고, 공격의 대상도 반대가 된다. 그러면 박진환의 풍시조의 공격 대상은 누구인가. 중동만이라고 할 수 없다. 여기서 해학이건 풍자건 그 속에 감춘 예리한 '날의 현동화(現動化)가 실은 얼마나 어렵고 미묘한 것인가를 시사한다. 특히 「전갈과 개구리」의 경우, 그 균형(balance) 잡기의 어려움을 실감하게 된다.

나는 오늘의 한국시의 지형도를 그려본 적이 있다. 1)전통과 서정(전통적 서정시), 2)메시지와 관념(관념시, 생태시), 3)이미지와 물리성(언어 이미지시), 4)탈관념의 실험(탈관념시), 5)주지적 처리(주지시) 등이 그것이다. 한국시의 동서남북이라고도 할 수 있다. 우리 시단의 특색 있는 시의 중요한 작품들은 일단 이 지형도로 배열, 배치할 수 있다. 우리 시의 현황이다.

나는 박진환의 최근작(3행의 풍시조)을 주목하면서 '주지시'

의 장르로 보았다. 지금도 나는 이러한 자리매김을 후회하지 않는다. 김춘수는 박진환의 풍시조에 대하여 『하여지향(何如之鄕)』을 쓴 송욱의 '전철'을 밟고 있다고 했지만, 나는 송욱과 '같은 계열'이라고 보지, '전철'이라고는 생각하지 않는다. '풍자의 노끈'으로 송욱과 박진환을 칭칭 묶어 버리는 것도 가능하나, '풍자'가 있는 '주지(主知)의 토포스' 속에 자리한 박진환의 거처가 지닌 의미의 진폭을 이해할 필요가 있을 것 같다. 풍자, 해학, 펀, 아이러니, 비꼼, 조롱 등은 '주지시'의 자원이긴 하나 이것만이 전부는 아니다. 이러한 주지시는 송욱, 김현승, 김광섭 등을 거쳐 김기림(金起林)의 장시 『기상도(氣象圖)』(1936)에 이른다는 사실을 이해한다면, 주지의 여러 가지 자원이 뭣인가를 짐작할 수 있다. 『기상도』가 지닌 주지적 풍부함의 목록을 일일이 확인할 필요가 없을까.

　이야기를 많이 에둘렀다. 다시 「仲冬이 없으니·1」과 「전갈과 개구리」이야기가 지닌 한 가지 토픽도 주지(主知)가 지닌 여러 가지 목록 중의 하나다. 지성은 억제와 조절에 바탕을 둔 '균형'을 강조한다. 형이상적 존재의 인식, 그 인식이 지닌 초월성의 자기화(自己化)에 의한 시선의 확보, 그 중의 풍자적 시선이 공격 대상을 선정하는 일에 도리없이 참여하는 '균형'은 특히 중요하다. 저울대의 무게와 추가 형평을 이룰 때 '풍자는 더욱 빛날 것이다.

■ 시집 평설을 대신해서_諷詩調에 대한 사계의 견해

知的調律에 의한 시 意味의 密度와 結晶度
― 『諷詩調』의 창간에 부쳐

성찬경(전 예술원 회원)

　문예지 『풍시조(諷詩調)』가 창간되었다. 때는 2008년 초여름이고, 앞으로 계간지로 계속 발간될 것이라는 예고다.
　문예지라고 했지만, 문예지치고는 매우 특수한 성격을 지니는 문예지다. 우선에 소설은 배제된 시 전문지이지만, 넓은 범위의 시 일반을 싣는 것이 아니라 '풍시조(諷詩調)'란 새로운 시적 유형과 범주에 속하는 시만을 모아서 엮는 시지이니, 이를테면 시단 안에서도 특수 전문지의 성격을 갖는다. 흔히 취미 오락 등을 다룬 잡지에 낚시니 등산이니 바둑 등을 전문으로 다루는 잡지를 보게 되는데, 『諷詩調』는 시 안에서도 독특한 장르만을 대상으로 하는 일종의 전문 시지(詩誌)인 셈이며, 우리나라 시사(詩史)와 시단의 현황이 어언 여기에까지 이르렀는가 하는 감회를 갖게 된다.
　여기에서 좀 더 차분히 『諷詩調』의 출현을 지금까지 키워온 그 뿌리와 수맥을 살펴볼 필요가 있다. 말할 것도 없이 이

『諷詩調』의 근본이 되는 자양적 모태는 박진환 시인이 약 30년에 걸쳐서 전개해온 넓은 의미에서의 지성시(知性詩) 운동이다. 박진환 시인은 이러한 지성시의 구체적인 전개방법으로서 '형이상학시'의 기치(旗幟) 아래, 이른바 변용의 시를 추구해온 것은 세상이 다 아는 바다.

 변용의 시도 실은 그 개념의 범주가 좁다 할 수는 없다. 더 구체적으로 말하면 시에서의 위트, 컨시트, 또는 펀과 같은 기법을 활용하여 시의 정서적 구조를 지적 구조로 바꾸고, 그럼으로써 시를 의미의 밀도에서 좀더 경질(硬質)의 것이 되게 하려는 시적 추구를 말한다. 그리고 이것은 그 시적 추구에서 17세기 영국의 '형이상학파' 시인들의 추구와 그 맥이 통한다는 사실도 우리가 알고 있는 바와 같다.

 여기에서 박진환 시인의 이러한 시적 추구가 우리 시의 현실적 상황과 어떠한 관계에 있는가 하는 점을 살필 필요가 있다. 현재의 우리 시는 한 마디로 지성이라는 영양소의 결핍 증세가 심한데, 또한 그것을 자각하고 있지도 못하다는 것이 나의 솔직한 판단이다.

 시에서 지성이 하는 구실은 일종의 조화 감각이라 할 수 있다. 시가 너무 한 쪽에 치우치는 것을 막아주는 감시의 역할을 하는 것이 바로 지성이다. 그래서 시에서 지적 요소가 부족하면 시가 한쪽으로 치우치는 것을 막지 못한다. 시에서 눈물이 너무 많아진다거나, 지나치게 격정에 사로잡힌다거나 정서의 내용이 너무 가냘퍼진다거나, 또는 지나치게 괴기해진다거나 하는 현상이 모두 지성적 작용의 결핍에서 오는 증후라

할 수 있다.

 문예지 『조선문학』을 중심으로 하는 한 무리의 문인들이 문학에서 지성적 구실을 강조하고, 줄기차게 우리 문단에서의 이러한 허점을 보완하고자 한 문학적 공헌에 대한 평가에서 우리는 몰인식과 소극성을 벗어나지 못하고 있는 것이 아닌가 하는 것이 역시 나의 생각이다.

 이번에 발간된 『諷詩調』는 박진환 시인이 벌여온 시운동의 더욱 정제된 결정과도 같은 것이며, 이것을 일종의 '문학적 발명'이라 해야 마땅할 것이라는 생각이 든다.

 어느 시대에 있어서나 문학의 새로운 양식은 그것이 하나의 새로운 발명임을 의미한다. 그리고 진정한 의미에서의 '발명'이라면, 얼핏 보아 아무리 하찮게 보이는 것일지라도, 거기에는 발명자의 많은 시간과 피땀과 노고가 스며있음을 잊어서는 안 된다. 시에 있어서도 마찬가지다. 시의 새로운 체질과 양식과 장르의 발명이 실은 시인들의 끊임없이 노력하고 추구하는 목표이기도 한 것이다.

 '諷詩調'의 출현 역시 결코 하루아침에 이루어진 우발적인 출현이 아님은 말할 것도 없다. 지금까지 박진환 시인이 시도해온 많은 '3행시'와 '諷詩調'가 그 싹이 되어 피어왔음은 물론이다.

 『풍시조(諷詩調)』가 갖는 새로운 체질적 특색을 간단히 살펴보겠다. '諷詩調'가 우리 고유의 전통적 시가의 형식인 '시조(時調)'와 체질적 연관성이 있음은 물론이다. 諷詩調의 구성이 3행으로 돼 있는 점이 초중종 3장으로 돼 있는 시조와 일치한다는 것에서도 이 일을 알 수 있다. 원래 시조의 초중종 3장도 시조보다 더 뿌리 깊다 할 수 있는 동양 고유의 한시(漢詩)의 기승전결에서 나온 것임을 우리는 짐작할 수 있다. 4행1련을 기본 단위로 하는 기승전결은 사실 동서고금의 모든 시적 감흥의 기본 틀이기도 하다. 다만 시조의 경우 종장에 해당하는 3장에서는 '전(轉)'과 '결(決)'이 한 행에 압축됨으로써 4행의 경우보다도 더욱 극적 효과와 시의 긴장감을 높여주고 있다.

이와 같이 諷詩調는 시조와 일맥상통하면서도 예술적 감흥을 겨냥하는 데에서는 시조(時調)와 사뭇 다르다. 곧 시조의 시의 뜻을 한자의 때시 '時'에서 글시 '詩'로 바꿔놓은 데서 그 겨냥하는 바를 짐작할 수 있다. 시조(時調)가 그 주제를 시대적 풍습에 맞추려는데 두고 있다면, 諷詩調에서는 시류(時流)를 넘어서는 작품으로서의 시적(詩的) 가치를 높이려는 의도가 숨어 있으며, 이런 점에서 '諷詩調'는 이른바 순수시(純粹詩)와도 그 방향을 같이 하게 된다.

'시조(詩調)', 곧 시의 흐름에 또 '풍(諷)' 자가 결합되어 있으니, 이것은 또 어떤 의도를 품고 있는 것일까. 여기에서 '풍(諷)'자는 박진환 시인이 시지의 '창간사'에서도 밝히고 있는 바와 같이 시에 넓은 의미의 풍자성(諷刺性)을 담으려는 의도와 다를 바가 없으니, 이 풍(諷)의 개념에는 시에서 전개할 수 있는 지적 작업 일반의 여러 항목이 두루 포함돼 있으며, 위트, 아이러니, 새타이어, 시니시즘(비꼬움) 등 표현상의 역설적 기법이 종횡으로 등장하게 된다.

그리고 이러한 풍자는 그것이 일종의 지적 응징의 구실을 하게 되는 것이며 이와 같은 응징의 숨은 의도는 바른 사회, 꼴불견인 시류적인 속물(俗物)들이 사라지는 사회, 양식이 통하는 밝은 사회의 출현을 바라보는 것이니, 깊은 뜻에서는 이 풍자의 정신이 곧 인도주의적 염원과도 일치한다는 점을 간과해서는 안 될 것이다.

'諷詩調'의 보기로서, 박진환 시인이 전, 현직 대통령을 소재로 풍자한 시를 보려 한다.

> 노랗게 노랗게 노자로 시작해서
> 나리나리 개나리 리자로 끝나면 무슨 나리게
> 개나리, 노노노 무식하긴 노나리지
> ―「개나리」

> 이명박 대통령 임기 끝나 퇴임하는 날이 2012년 12월 26일
> 이날에 맞춰 돌아가는 시계가 이명박 시계란다
> 시작이 엊그젠데 퇴임 날 꼽아가며 돌아가는 시계가 있다니
> ―「이명박 퇴임시계」

편과 시니시즘과 새타이어가 2중 3중으로 얽히고 꼬인, 고도로 지적인 시적 작업임을 알 수 있다. 이보다 더 따끔한 응징적 일침이 또 있겠나.

계간지 『諷詩調』는 이제 막 창간되었기 때문도 있겠지만, 아직 동인지의 성격을 완전히 벗지 못한 느낌도 없지 않아

있다. 앞으로 이런 점도 차츰 보완이 되리라 믿어지며, 이 시지가 잘 성장하여 응분의 구실을 하게 될 것을 나는 축원의 시선으로 바라본다. 그렇다 하더라도 일관성 있는 '지성시'에의 헌신과 노고가 정당한 평가를 받게 되는 날이 우리 시사(詩史)에서 언제 찾아올 것인가.

■ 시집 평설을 대신해서_諷詩調에 대한 사계의 견해

諷詩調의 깃발과 風向
- 새로운 시 운동에 대하여

김용직(전 학술원 회원)

 극히 최근에 그 모습을 드러낸 諷詩調 운동에는 두 가지 정도의 전략이 내장되어 있는 듯 보인다. 그 하나가 독특한 형태양식 해석이며 다른 하나가 현실 상황을 향한 예각적 공격의식이다. 명백히 현대 서정시의 서부(西部)를 개척하려는 의욕으로 시도된 이 시운동은 그러나 그 형식을 3장 6구를 원형으로 한 단형시 제작을 바탕으로 하고 있다. 3장 6구의 단형시라면 우리 머리에는 곧 한국 전통시가 양식인 시조가 떠오른다. 시조는 국민문학파에 의한 개혁운동 이후 새로운 토대를 마련하게 되었다. 이때부터 시조는 고전시가의 인습적인 면을 벗어나 새 시대의 양식이 된 것이다. 諷詩調는 시조의 이런 틀을 이용하려는 듯 보인다.
 諷詩調는 그 의식성향으로 보아 상당히 공격적이며 호전적이기까지 하다. 그 도마 위에는 정치, 경제, 사회, 문화의 문제만이 아니라 개인의 윤리, 도덕적인 사건까지가 가차 없이 올라 난도질당한다. 그런데 많은 경우 諷詩調의 비판, 공격은 예술적 의장을 거치지 않은 가운데 이루어진다. 諷詩調에서 풍(諷)은 수사론에서 풍자를 뜻할 것이며 고전문학의 감각을 곁들이게 되면 풍간(諷諫)과 같은 맥락에서 해석될 말이다. 풍자와 풍간에 역겨운 현실, 아니꼬운 대상을 꼬집고 공격하는 단면이 내포되어 있는 것은 사실이다. 그러나 그런 경우의 비판, 공격은 진술의 형태로 이루어지는 것이 아니라 비유의 형태를 취하는 것이 바람직하다.

　풍자문학에서 직접적 언술(言述)이 아니라 간접적인 기법이 이용되는 까닭은 단순하다. 많은 경우 시인이 아니꼽게 생각하는 대상은 한 시대와 사회에서 강한 힘을 가진 개인이거나 집단과 그 부수 형태인 제도나 규범들이다. 그들을 진술의 차원에서 공격하는 경우 작품들은 즉각 압수, 폐기되고 그 제작들은 연행, 구속될 위험에 노출된다. 시와 예술이 노려야 할 것은 이런 자살 특공대식 자기표출이 아니다. 이런 감각이 생산해 낸 전략의 결과가 풍자로 해석되어야 하는 것이다.

　諷詩調가 3장 형식을 취한 것에 대해서도 이와 거의 같은 이야기가 가능하다. 諷詩調가 3행시의 형태를 이용한 것은 3행시가 한국 전통 시가를 대표하는 것으로 판단된 결과일 것이다. 새로운 시가운동이 국민문학의 자리에 오른 양식의 특성을 이용하는 것은 슬기로운 일이다. 그러나 이 경우에도 우리는 창작활동에서 기본교의 하나를 기억하고 있어야 한다. 모든 창작활동에서 형태는 묵수될 것이 아니라 새롭게 해석, 개척되어 나가야 한다. 국민문학파의 전례가 가리키는 바와 같이 3장 6구의 시조가 갖는 큰 틀은 긍정적으로 계승될 수 있다. 그러나 그 틀 속에 새로운 시로서의 호흡과 맥박은 끊임없이 재창조되어야 한다.

 우리는 모처럼 시도되는 諷詩讚 운동이 한국 현대시의 높은 산맥이 되고 푸른 강줄기를 이루어나가기를 희망한다. 이런 소망이 다소간 비판적인 생각을 토로하게 된 셈이다.

■ 시집 평설을 대신해서_諷詩調에 대한 사계의 견해

박진환의 3행 '諷詩調'에 대하여

최원규(충남대 명예교수)

　최근 지속적으로 왕성하게 발표해온 박진환의 삼행시초 '諷詩調'야말로 괄목할만한 한국적 단형시다. 더구나 시대적 상황이 사회적으로 굵직한 이슈를 던져주었던 전변의 정치적 관심이 우리 모두를 끌어들이는 시기와 맞물렸기 때문이기도 하다. 이미 정권 교체에 따른 권력의 갈등에서 겪은 일이지만 대선과정에서 마지막까지 문제가 되었던 BBK 사건, FTA, 숭례문 복원, 대운하 찬반, 광우병 등으로 인한 촛불 시위 범람이 쓰나미처럼 휩쓸고 지나갔으며 아직도 그 여진이 계속되고 있다.
　이렇게 불안한 계절에 시인은 이들의 갈등과 부조리를 외면하고 추상적인 언어를 기반으로 하는 사회적 연대감에서 벗어나 강 건너 불구경만이 순수의 미덕인가. 마땅히 지식인으로 가치판단이나 문화적 선악에 동참, 선도의 언어가 필요해진 것이 너무 당연하다. 하물며 시는 시인끼리 담을 쌓고 그 속에 안주해 있는 모습에서 벗어나 시민과 동참 동행하는 시민의식이 필요하다.

이미 우리 시의 역사 속에서도 한용운, 이육사, 윤동주 그들의 평가에서 볼 수 있듯이 그들의 시에서 우리의 의지와 나라를 걱정하는 애국시가 용솟음치기도 하였다. 그런 점에서 이 시대 박진환의 諷詩調야말로 우리 시단의 중요한 뇌관을 건드린 사건이라고 판단된다.

諷詩調는 삼행이라는 점에서 시조와 같으나 구조나 형태적 특질이 시조의 틀을 벗어났을 뿐만 아니라 어귀나 비유법의 방법을 시조와 달리한다. 한편 화제가 되고 있는 시대적 상황을 직접적인 논의와 평가를 요구하며, 아이러니, 패러독스, 유머로 수용한다. 요컨대 박진환의 '諷詩調'는 업투데이트한 시대적 사회시를 전제한다. 그러므로 그의 '諷詩調'는 작중 인물들의 선행이나 악행의 전제를 제시하며 마지막 행에 이르러서는 개선이나 선과 악의 가치판단의 동참을 요구한다.

박진환의 '諷詩調'는 악과 사의 교정을 위한 화해적 개선이라는 점에서 꼬집고, 비꼬고, 깎아내리고, 비아냥하고 비판, 고발, 폭로를 시의 바탕으로 삼되 마지막 의도는 '순수한 통징'을 감행함으로써 풍자시보다는 한 차원 높은 시적 장치를 갖추고 있다는 점에 주목한다.

박진환은 엄격하거나 거창한 테마를 희극적으로 처리하거나 재미와 멸시, 분노와 냉소의 태도를 환기시킴으로써 그것을 약화시키는 기법을 사용한다. '웃음을 무기로 사용하고 작품의 외부에 존재하는 과녁을 겨냥한다. 그 과녁은 개인적인 일일 수 있고, 어떤 계층이나 제도나 국가나 인류 전체에게까지 할 수 있다라고 전제한다.

요컨대 화자가 단정하는 외견상 주장과 속으로 의도하고 있는 의미가 서로 다른 진술을 할 때 그 진술은 태도나 평가를 명백히 표현하지만 그것과 매우 다른 태도나 평가를 함축하고 있는 것을 포함하는 것이 아이러니의 기술이라고 보았을 때 박진환의 '순수한 통장'을 암시한다. 발음이 같고 흡사하지만 의미는 전혀 다른 같은 소리에 다른 의미를 갖는 말들은 때로 읽는 이에게 가치판단의 격정적인 한편으로 기울게 하기보다 그것을 유보하며 역지사지(易地思之)의 공평성을 유발시키고 화해성을 유도한다.

박진환은 시적인 재담(equivoque)도 있고 때로 언어유희(pun)도 있지만, 그것들은 읽는 이로 하여금 간담이 서늘해지는 경지까지 유발한다. 때로는 '삶 속의 죽음'이나 '쾌락의 고통', '사랑의 증오'들처럼 메타피지컬포에트(Metaphysical poets)들이 사용한 흔적에 영향되었다고 할 수 있으나 박진환의 경우 경고성의 환기에 더 치중함을 볼 수 있다.

마침내 풍(諷), 시(詩), 조(調) 각개의 문자 의미의 내부를 탐색할 때 모두 언(言) 말씀이 들어있다. 말씀[言]은 글[文]과 구별된다. 글은 논리와 절제를 요구하지만 말[言]은 흘러가는 물과 같이 지형이나 지세에 따라 형태가 변하며 응집한다. 그러므로 흐름의 방향은 같지만 물줄기는 즉흥적이며 당대의 상황에 따라 전변한다.

말씀[言]은 바람[風]과 절[寺]과 두루할 주(周)를 더하여 동서남북, 종횡무진, 당대를 섭렵한다. 그리하여 박진환의 '諷詩調'는 마침내 세상사의 이야깃거리의 중심부에서 주제할 수 있는 정세의 총화와 전환을 암시한다.

　박진환의 諷詩調가 꼭 3행이어야 하는가의 문제에 대하여 신중히 생각해야 한다. 다만 어느 민족이고 그 민족의 정서적 흡인력에 의하여 자연 발생적으로 생겨난 정형적 틀이 있어 왔다. 가령 당시(唐詩)의 4언 또는 7언 절시나 영시의 4행시(quatrain), 이행연귀(couplet), 14행시(sonnet) 모두 각운 구조로 결합된 강약음보격의 시행으로 되어 단일시귀(stanja)의 서정시인데 우리의 고유 문학형태의 시형(시조)들이 3장 6귀의 원칙을 고수한 것은 민족적인 고유성과 기풍(Ethos)에 의한 것이라고 믿는다. 다만 박진환의 경우 꼭 우리의 시조를 의식한 3행시는 아니지만(사실 시조와는 그 정형시로 의미구조의 잣대에 맞지 않음) 정형시로서 규율에 맞는 것이 아닌 자유시로서의 의미를 더욱 확대한다.

　외형상 3행시로 처리한 것은 압축과 긴장미의 효과를 살리며 음수율에서 체험할 수 없는 탄력을 보여준다.

　그리하여 3행시는 우리에게 낯익고 우리 말의 생태적 관습의 순리에 수용된다. 또한 시의 자연스런 형태의 공감이 일반화되었기에 박진환 삼행시가 우리 시단의 충격파를 더해 간다고 생각된다. 그의 3행 諷詩調의 창출은 우리 시문학사의 새로운 원형을 배가시킨 원동력이 될 것이며, 한편 시적 표현 미학에서 잡다한 외래적 수용의 난맥상을 제압하는 데 주요한 길잡이가 될 것이다.

박진환의 3행 '諷詩諞'는 시조(時調)와 동자이의어(同字異義語)로 우리에게 새로운 정형성의 모델을 제시한다. 그러므로 우리 현대시가 지닌 무모한 율격이나 시적 주제의 미숙성 또는 혼미성을 극복하는 데 따른 주제시로서 확실한 언덕이 형성된 셈이다.

■ 시집 평설을 대신해서_諷詩調에 대한 사계의 견해

풍시조 읽기

문효치(전 문협 이사장)

　박진환 시인의 諷詩調를 읽었다　풍시조(諷詩調)라는 낯선 이름에 대하여 저자는 풍자시를 줄여 풍시라 하고 거기에 무슨무슨 투나 태도의 뜻으로 조(조.調)를 붙였노라고 설명하고 있다. 그러니 諷詩調의 본질은 풍자시일 듯하다.
　우선 재미있다. 식상한 이미지들의 나열이나 아니면 거의 산문화 되어버린 요즘의 시들에 입맛을 잃었는데 이 諷詩調는 매우 신선한 재미를 느끼게 해 준다.
　세상은 부조리와 불합리와 부정 불의 등으로 가득 차 있다. 이러한 세태가 우리를 짜증나게 하고 화나게도 한다. 살맛을 잃게 한다. 정말 살맛을 잃게 하는 재미없는 제재를 박진환 시인은 재미있는 시로 만들고 있다.

　핵, 우리도 그간거있어 펑펑터지는 국제특허품 不字標 핵 있어
　　　　　불평등·불공평·부조리·부정부패·부동산 투기까지

건들면 폭발하는 순 국산 不字標 핵 있다고, 까불고 있어
　　　　　　　　　　　　　—「까불고 있어」전문

　불평등 불공평 부조리 부정부패 부동산 투기 등 우리사회에 만연한 부정적 요소들, 이것들은 가히 우리 사회를 파괴시킬 만한 위력을 가지고 있다. 정말 심각한 문제다. 이런 사항들을 '不字標핵'으로 둘러댄 그 재치가 재미있다. 그래서 이 시를 보면 일단 웃음이 난다, 진짜 핵을 '그깐거' 라고 대수롭지 않은 존재로 봄으로써 '不字標 핵의 위험성을 한껏 고조시켜 놓았다. 내용은 매우 심각한 문제성을 가지고 있지만 표현된 말들은 우리를 재미있게 해 준다.
　'까불고 있어'라는 끝절은 상대방(진짜 핵을 가진 자)에게 눈을 흘기며 짐짓 어깨를 으쓱거리는 모습을 떠올리게 해 준다. 다소 장난기가 보이는 모습을 연상하면서 시인의 재치를 다시 한번 실감케 해 준다.
　이러한 부조리 불합리한 사태를 능란한 솜씨로 비꼬고 농락함으로써 독자들은 후련한 카타르시스를 느낀다. 내가 미처 하지 못한 앙갚음을 대신 갚아 주는 것 같기도 하고 어쩌면 내 심정을 잘 알아주는 것 같기도 하다.
　이 책은 멸시 분노 증오의 정서를, 비꼼 냉소 조소 조롱 역설 등의 언사로 가득 채워 놓았다. 그러나 궁극으로는 교정·교훈의 의지가 숨겨져 있다.

　　뭐라구라우, 사람 낳고 돈 낳제 돈 낳고 사람 낳다구라우

>   허허 이 양반 순 구식이네
>   신식으론 돈 낳고 사람 낳제, 사람 낳고 돈 낳고가 아니여
>   ―「뭐라구라우」전문

    돈 낳고 사람 낳은 것은 불변의 진리이다. 그러나 신식으로는 돈 낳고 사람 낳았다고 큰소리친다. 그러나 이것은 역설이다. 화자가 진짜로 하고 싶은 말은 이른바 구식인 '사람 낳고 돈 낳다'는 말이다. 이것이 뒤집힌 세상, 전도된 가치에 대해서 일갈하고 꼬집은 것이다. 그리고 그에 대한 반성과 교정을 꿈꾸고 있는 것이다.
    삼행으로 압축한 단아한 모습의 시형에도 주목하고 싶다. 말 그대로 촌철살인의 짤막한 말이 감동을 준다. 요즈음 장황한 수다를 늘어놓는 시들이 범람하면서 이렇게 간결한 시들이 그리워진다.

>   나라님 물러나면 낙향하여 통나무집 짓고 시나 쓰며 살겠단 말
>   아무래도 허사같다. 시는 말을 아끼고 줄이는 언어경영인 것을
>   저리 말이 헤퍼서야 어찌 말의 진수에 닿을 수 있을지
>   ―「아무래도 허사 같다」전문

    듣기 좋은 수다로 대중들을 현혹하며 실천보다는 말을 앞세우는 정치인을 비꼬며 질타하고 있지만 한 편 짤막한 시론을 엿볼 수 있는 시다. 그렇다. 시는 '말을 아끼고 줄이는 언어경영'인 것이어서 '말이 헤퍼서'는 안 될 일이다.

삼행은 우리의 눈에 익숙하다. 어려서부터 시조를 읽고 배워왔기 때문이다. 물론 시조의 형식에 맞춰 음수율을 조절한 것은 아니지만 그 속에 기승전결의 구조를 가진 것들이 많은 것도 이해하기 쉬운 대목이다.

지금이 바로 이러한 시들이 필요한 시대인 것 같다. 잡지마다 넘쳐나고 있는 산문조 요설이 시성(詩性)을 잠식하고 있고, 그리고 비꼬고 조롱하고 비난하고 질타해야 될 일들이 많은 세상일수록 그러한 세태를 지적하고 경계하며 교정해야 하기 때문이다. 시가 궁극적으로는 인간을 위하고 옹호하는 것이라면 시가 이러한 일에도 적극 관심을 가져야 할 것으로 생각한다.

■ 시집 평설을 대신해서_諷詩調에 대한 사계의 견해

諷詩調에 나타난 형이상시의 수사법

최규철(시인·문학평론가)

들어가는 말

어느 사회학자는 '농경사회의 삶이 시간 잉여(時間剩餘)의 시대였다면 오늘날과 같은 정보화 사회는 시간 기근(饑饉)의 시대라'했다. 그것은 그 정도로 오늘의 시대가 시간에 쫓기며 살아가는 고속화 시대를 맞이하고 있다는 것이다. 따라서 이러한 고속화 사회에 사는 현대인들의 문학작품에 대한 선호도 역시 장편소설보다는 단편소설을, 장시보다는 단시를 더 선호하는 경향이 있다. 특히 시에 있어서 현대인들의 구미에 맞는 시는 짧으면서도 그 속에 다분한 내용을 함축함으로써 큰 감동을 주는 시라 하겠다. 이런 시대적 요구에 부응하는 시가 바로 박진환 시인이 착안하고 시운동을 전개하고 있는 諷詩調이다.

諷詩調의 기법은 형이상시의 레토릭(rhetoric)과 흡사한 면이 많다. 컨시트의 기발한 지적 놀라움, 서로 상반된 양극화의 결합과 그 조화, 역설과 반어(反語), 시의 순수한 통징을 통한 내적 울분의 해소와 사회 구조악(構造惡)의 개선 등이 바로 그것이다.

특히 3행시의 짧은 글 속에 함축된 내용과 그 여운을 담기 위해서는 압축적이고 생략적인 구문이 필요하다. 따라서 각 행의 전환 및 반전이 빠르게 전개되는 특색이 있다. 이것은 양극화의 긴장이 팽팽할수록 행과 행의 전환속도가 빠르고 생략과 압축의 미학이 더욱 살아난다.

필자는 그동안 지면을 통해서 3. 4회에 걸쳐 언급해온 諷詩調 시학에 대한 이론을 총괄하고 종합하여 주로 諷詩調의 형이상시적 유사성과 레토릭(rhetoric) 기법의 측면에서 접근해 보고자 한다.

1. 諷詩調의 순수한 통징

諷詩調는 일종의 풍자시의 성격을 띤 시라 하겠다. 풍자시의 사전적인 정의는 부정부패와 비리 현상과 모순 등을 다른 사물에 비유하여 폭로와 공격 일변도의 시를 말한다. 즉 풍자시라고 하는 한자가 풍자할 풍(諷) 찌를 자(刺)로 명시한 바와 같이 모든 죄악상을 어떤 사물로 빗대어 찔러 고통을 가하게 하는 일종의 보복성을 뜻하는 성격을 내포하고 있는 시가 대부분이다. 그러나 諷詩調에서 말하는 순수한 통징의 주된 목적은 諷詩調를 통해서 죄의 아픔을 느끼게 할 뿐만 아니라,

뉘우치고 돌이켜 새롭게 변화하게 하는 데 주력하는 시의 기능을 말한다. 다시 말하자면 죄의 부패성에 대해서 단순히 찌르고 고통을 가하게 하는 데 그치는 것이 아니라 메스를 가하고 수술을 함으로써 병을 낫게 하는 데 그 목적이 있음을 말한다.

 그러나 여기서 주의 깊게 보아야 할 것은 수술을 가하되 고통을 없애게 하기 위해 마취제를 동시에 투여하는 방법을 취하고 있다는 사실이다. 즉 유머를 통해서 웃음을 주고 즐거움을 줌으로써 그 고언을 달게 받아들이고 소화시킬 수 있는 기능을 지녔다는 것이다. 諷詩調의 통징이야말로 우리의 뇌에서 일종의 모르핀이나 엔도르핀과 같은 호르몬을 분비하게 함으로써 무통수술을 하게 하고 오히려 미묘한 시적 희열을 주게 하는 절묘한 수술비법을 의미하고 있다. 諷詩調의 작가들은 이런 諷詩調의 순수한 통징의 특성을 숙지하고 이러한 순수한 통징의 기능을 살리는 데 노력해야 할 것이다. 諷詩調에서 이러한 순수한 통징이 살아있지 못한다면 그것은 諷詩調로서의 시적 역할을 다한 시라 볼 수가 없다. 諷詩調의 생명이 바로 여기에 있다 할 수 있기 때문이다.

 참으로 諷詩調의 순수한 통징이야말로 오늘과 같은 종말론적인 징조를 토로하고 인류의 구원을 갈구하게 하는 시대적 사명의 성격을 띤 시라 하겠다. 현대사회는 갈수록 첨예한 양극화 조성으로 인한 양자구도의 대립상이 심화되고 있다. 오늘날 정치 경제 사회 문화 전반에 걸친 인류사회의 갈등과 분쟁이 바로 이런 극단적인 양극화 현상에서 오는 결과라 하겠다. 그렇다면 현대시가 어느 때까지 이를 외면하고 오히려 음풍농월(吟風弄月)만을 일삼아야 하겠는가. 시가 인생문제로 깊이 들어가서 이런 양극화 문제를 해소하고 하나로 융합하는 화해와 일치의 시학으로 발전해가야 할 것이 아닌가. 그러한 의미에서 諷詩調 운동의 필연성이 강조된다.

더욱이 환경오염으로 인한 생태계의 훼손과 대기오염으로 인한 오존층의 파괴, 그리고 지구 온난화에서 발생하는 엘니뇨현상 등으로 인류의 생존 문제에 심각한 적신호가 켜있다. 이런 각박한 상황에서 탈출하기 위한 녹색시학 운동의 전면에 諷詩調가 자리하고 있음을 알 수 있다.

시인은 예언자적인 예리한 눈을 가지고 미래사회의 변화를 직시하면서 오늘의 잘못된 과오를 지적 감동을 통해서 깨닫게 하는 순수한 통징에 무한한 관심을 쏟아야 한다.

> 세상이 왜 이러나 유행병처럼 자살·자살·자살
> 마음 한 번 고쳐먹으면 살자·살자·살자가 되는데
> 뭐 그리 좋은 거라고 일편단심 자살이람
> — 박진환의 「뭐 그리 좋은 거라고」

한국인의 자살률이 OECD 30개 회원국 가운데 1위를 기록하는 불명예를 안고 있다. 연예계의 인기 스타들과 대기업의 총수들이 잇따라 자살을 하고 심지어 전직 대통령까지도 스스로 목숨을 끊음으로써 사회적 충격이 크다.

박진환 시인의 諷詩調「뭐 그리 좋은 거라고」는 1행의 '자살·자살·자살'이라고 하는 부정적인 죽음의 개념과, 2행의 '살자·살자·살자'라고 하는 긍정적인 생명의 개념을 양극구도로 서로 거꾸로 뒤집어 대치해 놓음으로써 기발한 위트와 유머를 돋보이게 한다. 이러한 諷詩調의 기능이야말로 격한 자살충동을 완화시켜 줄 뿐 아니라 생에 대한 강력한 의욕까지도 유발하게 하는 시적 감동을 가능케 한다. 여기서 諷詩調의 풍자 속에 담고 있는 간절한 회심에의 바람이 '마음 한번 고쳐먹으면'이란 말로 표현되고 있다. 이것이 바로 諷詩調가 지닌 순수한 통징의 힘이다.

> 피를 빨아 먹는 모기 잡는데 의견이 분분하다
> 정치가 어떻고 법이 어떻고 대통령이 어떻고
> 입으로 모기 잡나? F킬라를 뿌려야지
> ― 박진환의 「입으로 모기 잡나」

이 시는 그 제목부터가 웃음을 터트리게 하는 유머가 있어 마음을 끈다. 이 시 속에 감추어 있는 암시성과 시사성(示唆性)이 모기와 F킬라라고 하는 기발한 메타포를 통해서 큰 감동을 준다. 정계와 법조계의 부패상을 바로잡는, 즉 '피를 빨아 먹는 모기를 잡는데'에는 입으로 하는 설왕설래(說往說來)로써는 근절될 수 없다는 것이다. 특히 수사법 중에서 변화법의 하나인 '입으로 모기잡나?'라고 하는 설의법으로써 F킬라라고 하는 정답을 독자에게 물어 찾아내게 하는 레토릭으로써 스스로 개혁의지를 촉발하게 하는 순수한 통징이 돋보인다. 찌르고 자르고 쪼개는 메스질이 가해짐에도 불구하고 뇌에서 분비되는 모르핀을 통해서 즐거운 마음으로 웃고 수긍이 가능케 하는 회심과 변혁의 비법이 있다.

2. 諷詩調가 갖는 컨시트의 특색

형이상시의 컨시트(奇想, conceit)는 형이상시의 특징 중에서 가장 중요한 특징의 하나라 할 수 있다. 외견상 전혀 유사성이 없거나 상반되고 양극화된 사물이나 상황들을 재치 있고 기발한 방법으로 결합하여 소위 사무엘 존슨(Samuel Johnson)이 언급한 '부조화의 조화'를 이루게 하는 비유적인 수사법을 말한다.

그러나 諷詩調에서 보여주는 컨시트의 특색은 형이상시에서 말하는 그것과는 사뭇 다른 양태의 컨시트를 볼 수 있다. 3행시 구문의 생략적인 특성 때문에 행과 행, 낱말과 낱말, 심지어는 문자와 문자로부터 서로 상반된 사물이나 개념의 명칭과 발음 등을 찾아내고 거기서 특별한 의미성을 유추하여 또 다른 의미를 창출해내는 언어유희적인 기발한 컨시트를 선보이고 있다. 이런 관점에서 볼 때 諷詩調의 컨시트는 단순히 두 가지 사물이나 개념을 교묘하게 결합하여 뜻밖의 유사성을 찾는 기존의 형이상시의 컨시트와는 다른 특성을 지니고 있다고 하겠다.

> 대통령 국정평가 잘했다가 44.2% , 못했다가 41.1%
> 막상막하, 정치란 게 그래
> 上 뒤집으면 下 되고, 下 뒤집으면 上 되거든
> ― 박진환의 「物神時代·216」

　국민이면 누구나 알게 모르게 다 정치에 젖어 살면서 나름대로의 정치철학, 내지 생활철학을 가지고 있다. 그래서 3행에서 '정치린게 그래'라 토로한다. 이런 지적 깨달음을 풍자적으로 소화시켜 표현하기란 그리 쉬운 일은 아니다. 이런 이유 때문에 민감한 사안을 받아들여 유머로 웃어넘길 수 있고, 감동 받아 깨달음을 갖게 하는 諷詩調의 기법에 주목할 수밖에 없다. 그래서 諷詩調가 지적이며 문화적인 통징을 가져오게 하는 첩경이라 여겨진다.

　이 시에서 놀라운 기지의 발산은 2~3행에 있다.'막상막하, 　정치란게 그래 / 上 뒤집으면 下 되고, 下 뒤집으면 上 되거든'에서 '막상막하(莫上莫下)'의 上과 下의 문자를 세웠다 뒤집었다 하면서 요동치는 정치판의 불안정성을 꼬집는, 재기(才氣)가 번뜩이는 컨시트를 선보이고 있다. 여기서 다만 上·下라고 하는 양극성의 문자를 가지고 세웠다 뒤집었다 하면서 엉뚱하게 결합한 결론이 「정치란게 그래」로 귀결한다. 이렇게 諷詩調의 컨시트는 동떨어진 개념이나 이미지를 결합하는 데 그치는 것이 아니라, 서로 상반된 단순한 두 개의 문자로써 새로운 제3의 개념을 형성하게 한다. 이런 관점에서

諷詩調의 컨시트는 보다 다양하고 발전된 성격의 것이라 볼 수 있다.

> 박지성·박주영의 꼴은 오 코리아
> OECD국 중 환경평가 맨 꼴찌의 꼴은 어이쿠 코리아
> 둘 다 꼴은 꼴이다마는 뒤에 꼴은 노꼴만도 못해서
> ― 박진환의 「物神時代·191」

 지금 지구촌은 환경오염으로 인해서 점차로 죽어가고 있는 실정인데 우리나라가 OECD국 중에서 환경평가 최하위라 한다. 이 시에서는 이런 실정을 풍자적으로 꼬집고 있는데, 1~2행에서는 축구의 '꼴인'과 환경평가의 '꼴찌'란 서로 유사성이 없는 언어들을 관련 지워 '오 코리아'와 '아이쿠 코리아'라는 서로 반대되는 개념의 언어로 대비시켰고, 3행에서는 꼴찌의 '꼴'을 '노꼴'이라는 상충·상반되는 개념과 연관시킴으로써 '둘다 꼴은 꼴이다마는 뒤엣 꼴은 노꼴만도 못해서'라는 순발력 있는 기지(wit)를 보여준다. 동시에 더 나가서는 축구의 '꼴'과 환경평가 꼴찌라는 '꼴'의 두 글자들을 교모하게 결합한 諷詩調의 컨시트의 진수를 보여주고 있다.

3. 諷詩調의 양극화 기법

 또 한 가지 諷詩調에서 가장 두드러지게 나타나는 특징 중의 하나가 양극화 현상이다. 그러기 때문에 諷詩調의 컨시트

는 동떨어지고 상반된 가장 먼 거리의 양극성을 폭력적으로 결합하는 과정이나 패러독스와 아이러니의 양면성에서 오는 강한 텐션이 諷詩調로 하여금 그만큼 응축된 의미의 비유가 되게 한다.

    걸핏하면 여·야 율사들 발목잡느니, 발목잡히느니 해쌌는디
    뿌리치고 혼자만 가려고 하니 그러지, 동행해봐, 왜 발목잡나
    잡혀 부러지면 목발신세 못면해, 발목 거꾸로 해봐 목발이지
        — 박진환의「발목 거꾸로 하면 목발이지」의 전문

  분쟁과 불화의 결과가 발목이 목발로 바뀌는 기발한 발상, 곧 생명체를 비생명체로 둔갑시키는 대담한 컨시트의 수사법이 놀라움을 준다. 그 외에도 여·야 율사들, 발목잡느니 발목잡히느니, 발목과 목발 등의 양극화가 이 諷詩調 전면에서 팽팽한 긴장을 조성시켜주고 있다. 거기다가 본래 여·야가 대치하는 정치구도, 그것만으로도 양극의 역학관계를 유지하는 긴장상태인데 여기에 분쟁과 충돌이 생기면 발목이 목발이 되는 더욱더 팽팽한 긴장관계를 촉발한다. 그래서 이 諷詩調는 웃기면서도 여·야가 정치적 협력관계를 잘 유지해야만 나라가 산다는 통징적인 메시지도 담고 있는 시이다.

    악법·약법, 청문회, FTA로 여·야 붙어도 한판 크게 붙겠다
    탓하지 말 것이 싸워야 국회답지 잠잠하면 그게 더 두려워
    마찬가지야, 아이들도 싸움질하면서 크지 않던가

— 박진환의 「아이들도 싸우면서 커」

 이 諷詩調는 빈번히 일어나는 국회의원들의 성숙하지 못한 의결과정에서의 난투극을 한 마디로 꼬집은 시이다. 아이들이 싸우면서 커가듯이 국회의원들도 싸우면서 커가야만 하는가 하는 시인의 통탄이 곁들어있는 시이다. 가장 성숙해야 할 국회의원들과 가장 성숙하지 못한 나이인 어린이들의 양극현상을 동류부류로 간주하여 이질성 속의 유사성을 찾는 시인의 기지가 번쩍인다. 여기에는 양극간의 이질성이 유사성으로 바뀌는 과정에서 서로 잡아당기는 강력한 텐션도 드러나 있다. 「싸워야 국회답지」에서는 국회가 싸움판이 되어서야 되겠는가 하는 아이러니의 성격을 띤 레토릭도 있고 국회가 변화되기를 촉구하고 갈망하는 통징도 들어있다.

4. 諷詩調의 구조와 그 전환속도

 형이상시에서와 마찬가지로 諷詩調에서도 생략된 구문을 씀으로써 의미의 탄력과 밀도를 더하게 하고, 또한 집약적 표현으로써 시의 단축을 꾀하는 기법을 강조한다. 그 결과 시 전개과정에서 그 전환 속도가 빨라지기 마련이다. 그래서 시의 구조가 3행시로 되어 있고 따라서 행의 길이가 짧으면 짧을수록 생략적 효과가 살아나서 함축성이 있는 시가 된다.

 諷詩調는 평시조(平時調)와 같은 초장 중장 종장의 3행 형식의 구조이면서도 3장 6구 12음보의 정형시에 매이지 않은 자유시요, 동시에 평시조보다 더 빠르고 생동감이 있는 기승전결(起承轉結)의 전개가 있다. 따라서 諷詩調의 함축성과 텐션을 살리기 위해서는 될 수 있는 대로 행의 자수(字數)를 줄이고 생략하는 것이 좋다.

      침묵이 金이라고? 순 구식
      요즘 세상에선 말 잘해야 출세해
      신식으론 침묵은 禁이야
       — 박진환의「침묵은 禁이야」

 1행의 金이 3행에서는 禁으로 바뀐다. 1행에서 침묵은 金이란 말은 구식이요, 3행에서는 침묵이 禁이란 말로 바뀐 것이 신식이라는 것이다. '요즘 세상에선 말 잘해야 출세해'라는 새로운 진리(?)를 발견하고 시대와 더불어 급속히 변하는 처세술의 격세지감을 실토한 시라 하겠다. 또 이 시 속에는 침묵이 금(金)이었던 옛 시대가 참이요 말을 잘해야 출세한다는 현 시대가 잘못된 것이라는 시사성(示唆性)이 들어 있다. 諷詩調가 그 짧은 시로써 현시대의 많은 모순과 부조리를 다 압축하여 표현할 수 있는 것은 오로지 3행시 속에 짧은 행으로 모든 것을 소화시킬 수 있는 수용성(受容性)과 빠른 전환기능을 지탱할 수 있는 메커니즘에서 온 것이다.

        銅臭에 코피터진 놈이

　　　　　　　　　　銅醉로 게워내는 주정
　　　　　　　뭘 쳐다봐, 너나 나나 다를 것이 없는데
　　　　　　　　　　　— 박진환의 「物神時代・68」

　이 시는 銅臭와 銅醉를 병치하고 3행에서 '뭘 쳐다봐, 너나 나나 다를 것이 없는데'로 동류화((同類化))시킨 해학적인 기법이 눈을 끈다. 銅臭란 말의 뜻은 돈으로 출세를 하려고 하거나 모든 것을 해결해 보려고 하는 물신주의자들을 낮잡아 하는 말인데 오늘날은 술로써 출세를 하려고 하거나 모든 문제를 해결하려고 하는 銅醉도 많다는 것이다. 銅臭와 銅醉의 내용이 담고 있는 절묘한 조화가 압축되어 이 짧은 諷詩調 한 편을 창구로 하여 오늘의 모든 시대상을 한 눈으로 볼 수 있다.

　그러나 풍조시에서 행의 자수를 줄이고 표현의 생략적인 효과를 극대화하려는 경제적인 언어구사는 아무나 할 수 있는 것이 아니다. 허다한 諷詩調에서 발견할 수 있는 것은 행이 짧으면 그 표현과 의미성도 부실한 경우가 많다는 것이다. 따라서 諷詩調는 자수(字數)를 최소화하면서도 그 함축성을 최대화할 수 있는 기법이야말로 바로 諷詩調의 완성도를 높이는 첩경임을 알게 된다.

맺는 말

　이상과 같이 諷詩調에서 보이는 수사법상의 기법이 형이상시의 그것과 유사한 점이 많다는 것을 알 수 있다. 그러나 그 구조적인 측면에서 볼 때 형이상시보다는 시가 짧고 컨시트도 형이상시보다는 언어유희의 측면에서 독특하고 문자유희의 면에서도 독보적인 경지를 보이고 있는 시라는 것이다. 諷詩調의 대부분이 명확한 양극화 구조로 되어 있고 상반되고 동떨어진 개념이나 사물을 결합하여 부조화의 조화를 이루고 있다. 또한 3행시의 짧은 시로서 생략적이고 압축적인 기법을 통해서 고도의 밀도감을 조성하기 위해 언어와 언어, 행과 행을 교합하여 전개되는 전환속도가 유달리 빠른 것도 그 특징 중의 하나라 하겠다. 이런 시의 특징 때문에 앞으로 諷詩調가 우리나라 문학의 한 장르를 이루고 발전하여 보다 큰 문학성을 발휘하는 날을 기대하여 마지않는다.

조선문학사시인선 956

諷詩調詩集 · 455

시의 복수 · 3

2025년 2월 20일 인쇄
2025년 2월 28일 발행

지은이 / 박진환
발행인 / 박진환
펴낸곳 / 조선문학사
등록번호 / 1-2733
주소 / 03730 서울 서대문구 통일로 389(홍제동)
전화 / 02-730-2255
팩스 / 02-723-9373
E-mail / chosunmh2@daum.net

ISBN 979-11-6354-329-9

정가 10,000원

※ 인지는 저자와 합의 하에 생략
※ 잘못된 책은 서점에서 교환해 드립니다.